能源、油气与
碳达峰碳中和

苏义脑　编著

石油工业出版社

内容提要

本书根据苏义脑院士2023年2月首都科学讲堂所做"能源、油气与碳达峰碳中和"讲座相关内容整理而成，以通俗、简练的语言介绍了能源、石油天然气、碳达峰碳中和的相关知识，较好地回答了我国的能源现状如何，未来石油工业将如何发展，以及助力"双碳"目标实现，需要实行哪些举措等问题。

本书可供从事能源行业的工作人员、高等院校相关专业师生，以及想要了解能源知识的社会大众阅读。

图书在版编目（CIP）数据

能源、油气与碳达峰碳中和 / 苏义脑编著 . —北京：石油工业出版社，2023.9

ISBN 978−7−5183−6199−1

Ⅰ.①能… Ⅱ.①苏… Ⅲ.①能源发展—研究—中国②二氧化碳—排气—研究—中国③二氧化碳—节能减排—研究—中国 Ⅳ.① F426.2 ② TK01 ③ X511

中国国家版本馆 CIP 数据核字（2023）第 147382 号

出版发行：石油工业出版社

（北京安定门外安华里 2 区 1 号楼 100011）

网　　址：www.petropub.com

编 辑 部：（010）64523687　图书营销中心：（010）64523633

经　销：全国新华书店

印　刷：北京中石油彩色印刷有限责任公司

2023 年 9 月第 1 版　　2023 年 9 月第 1 次印刷

880×1230 毫米　开本：1/32　印张：2.875

字数：42 千字

定　价：28.00 元

（如出现印装质量问题，我社图书营销中心负责调换）

版权所有，翻印必究

能源是人类的生存之源，能源是人类生活水平的显示器，能源是生产力发展的推进器，能源是社会进步的动力机，能源安全关乎国家安全。

　　中国二氧化碳排放力争于2030年前达到峰值，努力争取到2060年前实现碳中和！

▲▲▲

出版者的话

国际能源署发布的《2022年世界能源展望》报告指出，世界正处于一场前所未有的深刻复杂的能源危机之中，人类对能源的需求及使用方式正在造成全球气候变化趋于严峻，因此实现"双碳"目标刻不容缓。我国的能源现状如何？未来石油工业将如何发展？助力"双碳"目标实现，需要实行哪些举措？这些问题引起人们的广泛关注。

为此，2023年2月18日，首都科学讲堂邀请中国工程院院士、油气钻井工程专家苏义脑就相关问题做了一场精彩的讲座。当天在线观众达到60万人，反响非常好，许多观众希望将讲座内容出版。为了满足广大读者需求，石油工业出版社在得到苏义脑院士同意后将讲座内容整理成书，并请苏院士进行了审核把关。

希望此书的出版能让更多读者关心能源、关心油气，从身边做起，节约能源、保护环境，助力"双碳"目标的实现！

目录

01 第一章
认识能源

一、能源的重要性 \ 003

能源是人类的生存之源，能源是人类生活水平的显示器，能源是生产力发展的推进器，能源是社会进步的动力机，能源安全关乎国家安全。

二、人类是从什么时候开始使用能源的？ \ 006

人类使用能源的历史是很短的。据有关资料介绍，地球诞生距今46亿年，如果把这46亿年映射到一年，那么，北京猿人用火（距今50万年）也就是人类开始用火（用能）则是从这一年最后一天不到最后一小时开始的。

三、什么是能？什么是能源？ \ 008

能和能源不是一个概念。能就是做功的能力，而能源是能量的物质载体，且具有规模的含义。因为如果没有达到一定规模，就很难称为源。

四、能源是如何发展的？ \ 015

50万年前，北京猿人开始用火，当时的能源就是薪柴；18世纪中叶，开始使用煤炭；100年后的19世纪中叶开始使用石油和天然气；20世纪初，电力开始成为重要的能源形式；20世纪中叶，核能等绿色能源走向人类的舞台。

五、世界和中国的能源结构现状是怎样的？ \ 019

> 当今中国乃至世界的能源结构是以化石能源为主，多种能源并存。中国和世界的主体能源有差异，世界上是以石油天然气为主，而中国则是以煤炭为主，第二位才是石油天然气。

六、未来能源在哪里？ \ 025

> 由传统的化石能源为主转向以绿色能源（清洁能源、可再生能源）为主是不可逆转的历史发展趋势。未来，绿色能源还有很大的发展空间。

02 CHAPTER 第二章
走进石油与天然气

一、石油有哪些属性？ \ 032

> 石油是战略物资，影响国计民生和国防安全，具有三大属性——能源属性、物资属性、金融属性。

二、中国的石油工业是如何发展的？ \ 035

> 台湾"苗栗1井"——陕北"延一井"——玉门油矿——大庆油田——……

三、为什么说石油天然气行业是高科技
行业？ \ 040

　　石油天然气行业是多行业、多专业交叉的领域，具有"四高"的特征，即高投入、高产出、高风险、高技术。

四、石油天然气产业是夕阳产业吗？ \ 044

　　石油天然气产业不是夕阳产业！

03 第三章
CHAPTER 碳达峰碳中和理解与认识

一、中国的碳排放现状如何？ \ 051

　　中国现在碳排放量居全球第一，但历史人均累计碳排放总量远低于西方国家。

二、碳达峰碳中和研究的基本理念 \ 053

　　立足国情、安全发展、科学创新、务求实效。

三、碳达峰碳中和问题的五个基本认识 \ 058

　　能源消费是核心、产业结构调整是关键、化石能源是重点、提效节能是抓手、建设现代能源体系是目标。

第四章
实现碳达峰碳中和战略路径思考

一、我国能源发展与二氧化碳排放趋势预测 \ 071

2030年左右,一次能源消费量达峰;2025—2030年,能源相关碳排放量达峰;2060年,实现碳中和。

二、实现碳达峰碳中和的战略路径 \ 073

实现碳达峰碳中和的战略路径可以分为三步走:第一步,减煤、控油、增气,大力发展可再生能源;第二步,非化石能源加速替代;第三步,现代能源体系全面建成。

三、实现碳达峰碳中和的七大战略工程 \ 076

节能工程、去碳工程、创新工程、提效工程、应急工程、支撑工程和合作工程。

四、认识和结论 \ 078

立足国情,充分发挥举国体制和机制优势,本着科学态度,通过科技创新,统筹规划,积极推进,实现"2030年前碳达峰和2060年前碳中和"。

第一章
认识能源

01 CHAPTER

第一章 认识能源

一、能源的重要性

能源的重要性可以概括地总结为五句话：能源是人类的生存之源，能源是人类生活水平的显示器，能源是生产力发展的推进器，能源是社会进步的动力机，最后可以归结为——能源安全关乎国家安全（图1-1）。

图1-1 能源的重要性

从图 1-2 可以看出，随着生产力发展和社会进步，社会总能耗和人均用能在逐渐增加，这是一个总的趋势。20世纪 50 年代，全球平均每年用能 26 亿吨标准煤，这是什么概念？我国 2022 年总的能耗已经达到了 53.9 亿吨标准煤，也就是说当时全球的用能仅仅是我国 2022 年用能的一半。随着时间的推移，到了 20 世纪 70 年代，全球平均每年用能总量为 72 亿吨标准煤；到了 80 年代达到 80 亿吨标

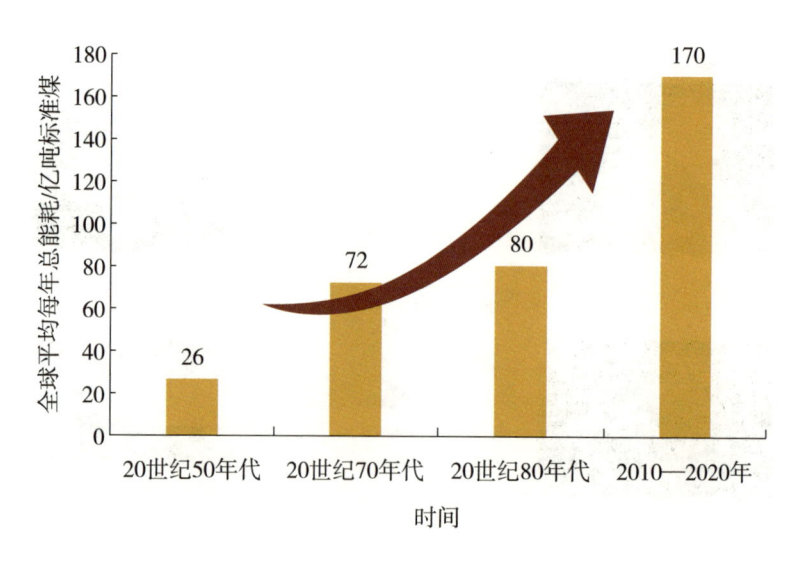

图 1-2 随着生产力发展和社会进步，社会总能耗和人均用能逐渐增加

准煤；到了 2010—2020 年，这 10 年增加到 170 亿吨标准煤，我国的用能基本保持在 40 多亿吨标准煤，接近 50 亿吨标准煤。这说明随着生产力的发展和社会进步，总的社会能耗和人均能耗是在逐步增加的。

关于能源的重要性，给大家提供一个资料，就是能源问题是当今人类社会的首要问题。1992 年美国的一位科学家 Dr. Yoyam Shoham（舒海姆博士）到我国来讲学，我参加了这次交流，这位博士提供了一个资料，他提出了当今人类社会排在前十位的重要问题，即能源、水资源、食物、环境（气候）、贫困、疾病等问题。在这十大问题中能源问题居于首位，可见能源的重要性。特别是这次俄乌冲突和战争造成的欧洲能源短缺，再一次证明了能源问题的重要性。

二、人类是从什么时候开始使用能源的?

人类使用能源的历史是很短的。据有关资料介绍,地球诞生距今46亿年,那哺乳类动物出现距今只有2亿年,而人类的出现距今是300万年。北京猿人用火也就是人类开始用火的历史,距今仅仅有50万年,但是这个尺度还是不太好理解。如果把46亿年映射到一年,也就是假设把它浓缩为一年的话,也就是从上一年的1月1日的零点新年钟声敲响,到今年元旦零点新年钟声敲响,这一年中间,哺乳类动物出现在12月16日晚上,而人类出现在12月31日的18时以后,北京猿人用火则是出现在12月31日23时以后。可见从整个地球46亿年来看,人类的用火(用能)仅仅是很短的时间(图1-3)。

第一章 认识能源

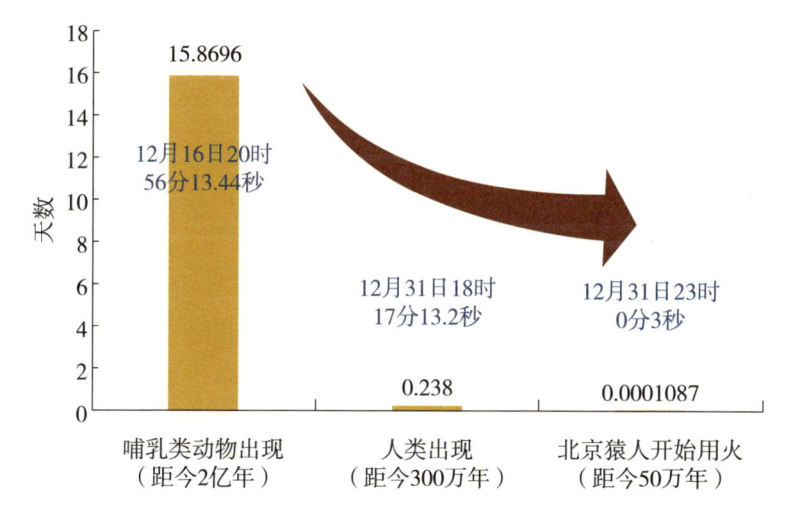

图 1-3 人类使用能源的历史很短（映射到 1 年）

三、什么是能？什么是能源？

经常说能和能源，但是它们不是一个概念。究竟什么是能，什么是能源呢？根据物理学定义，能就是做功的能力，能分为几类，比如热能、电能、化学能、机械能、核能等（图1-4），而能源是能量的物质载体，且具有规模的含义。因为如果没有达到一定规模，就很难称为源。能源的分类有很多方法，可以按照它在自然界的存在形式和特征进行分类（图1-5）。例如，可通过来源、性质、是否需要经过转换、使用成熟程度、是否污染环境这五个方面来对能源进行分类。（以下有关能源分类的部分表述参考了吴金星主编，机械工业出版社2013年12月出版的《能源工程概论》。其他部分数据参考了黄素逸、高伟编著，高等教育出版社在2004年8月出版的《能源概论》。特此说明并致谢。）

（1）按能源来源分类（图1-6）。根据能源的来源可分为三大类，第一来源于太阳，第二来源于地球自身，第三

第一章 认识能源

能 — 热能
  — 电能
  — 化学能
  — 机械能
  — 核能

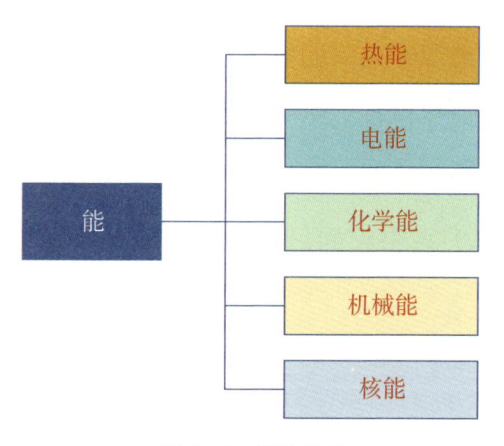

图 1-4 能的分类

能源 — 来源
    — 性质
    — 是否需要经过转换
    — 使用成熟程度
    — 是否污染环境

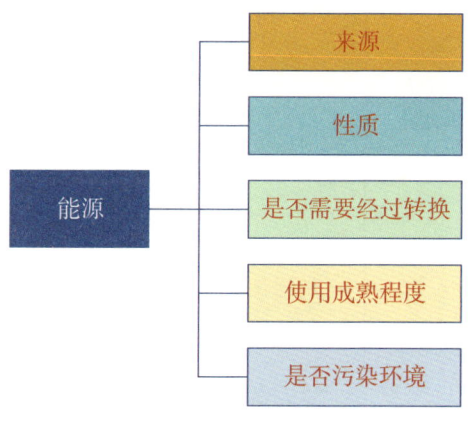

图 1-5 能源的分类

来源于天体引力。太阳辐射能、煤炭、油气、生物质能、风能等都是来源于太阳的能源；地热能、核能（放射性核燃料来源于地球自身，但归根结底还是来源于太阳）等来源于地球自身的能源；都知道钱塘江大潮是由月球和地球的相对位置关系引起的，所以潮汐能是天体引力造成的能量。

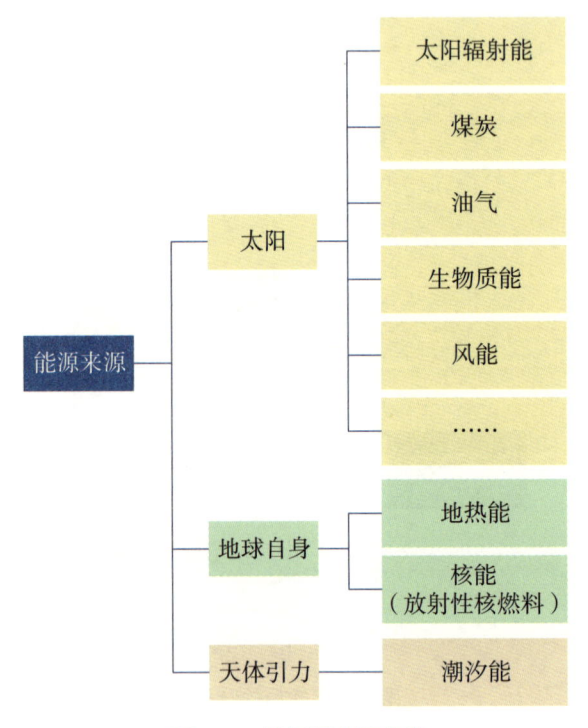

图 1-6　按能源来源分类

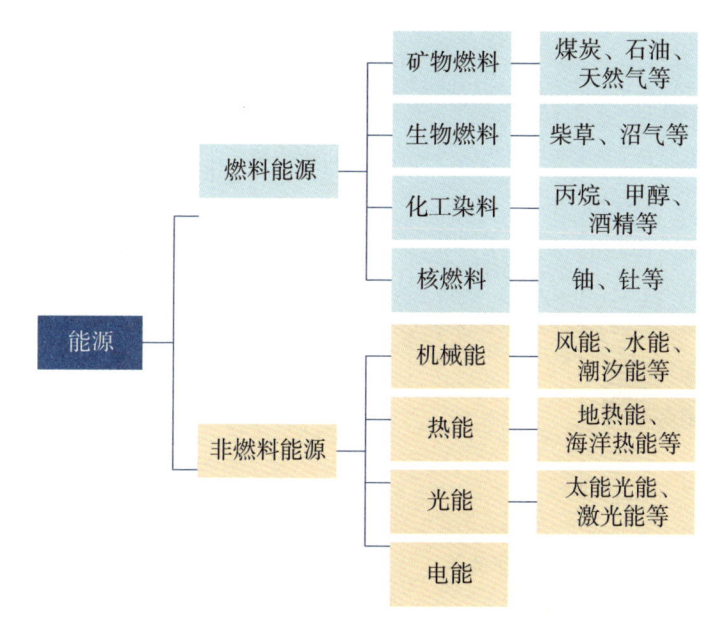

（2）按能源性质分类（图1-7）。按能源性质可以分为燃料能源和非燃料能源。如果能源是作为燃料用的，它属于燃料能源，作为燃料能源的有矿物燃料（煤炭、石油、天然气等）、生物燃料（柴草、沼气等）、化工燃料（丙烷、甲醇、酒精等）、核燃料（铀、钍等）等；如果它不是作为燃料使用，而是作为其他用途，它是非燃料能源，包括机械能（风能、水能、潮汐能等）、热能（地热能、海洋热能

图1-7 按能源性质分类

等)、光能(太阳光能、激光能)和电能等。

(3)按能源是否需要经过转换分类(图1-8)。根据能源是否需要经过转换,可以分为一次能源和二次能源。一次能源是赋存于自然界,不需要经过加工转换的能源,如煤炭、石油、天然气、生物燃料、水能、风能、太阳能、核能、地热能、海洋热能、潮汐能等。一次能源往往又可

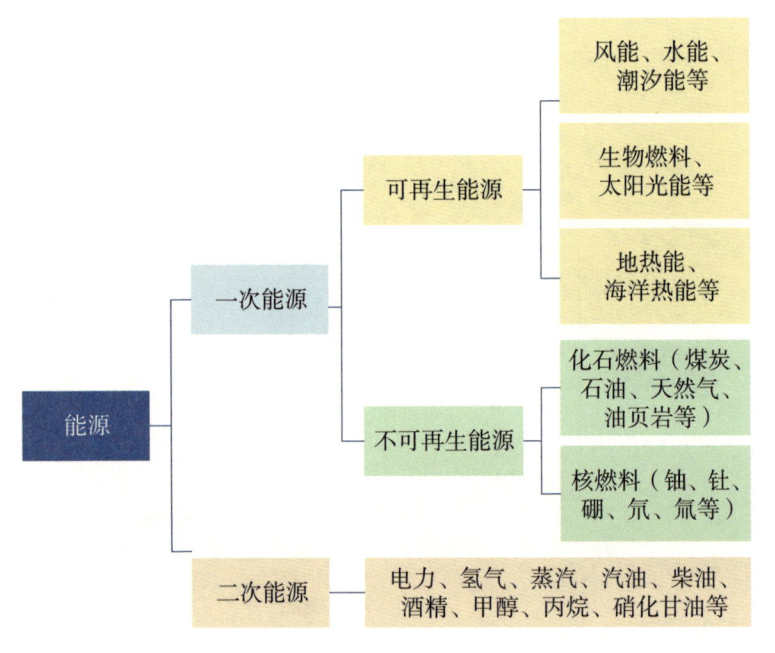

图1-8 按能源是否需要经过转换分类

以再分为可再生能源和不可再生能源。例如，可再生能源有风能、水能、潮汐能等；不可再生能源有化石燃料（如煤炭、石油、天然气、油页岩等）、核燃料（铀、钍等），它们是不可再生的。二次能源是由一次能源经过加工和转换才能形成应用的能源，如电力、煤气、蒸汽、酒精、氢气、汽油、柴油等。

（4）按能源使用成熟程度分类。按能源使用成熟程度可以分为常规能源和新能源。什么是常规能源？常规能源是指在一定的历史时期和科学水平条件下，已经被人们广泛应用的能源。现阶段的常规能源包括煤炭、石油、天然气、水力和核裂变能，世界能源消费几乎全靠这五大类能源来供应。随着近年来新能源的出现，常规能源的使用比例在降低，新能源的使用比例在逐渐升高，但是当前常规能源仍然占主要地位。新能源是指需要采用先进的技术进行加工，然后才能利用的能源，例如太阳能、风能、海洋能、地热能、生物质能、核聚变等，这些能源到目前为止还没有被大规模开发利用，有的还处于研究阶段。当然，随着时间推移，今后会更加大规模地开发和使用新能源。

（5）按能源是否污染环境分类。按能源是否污染环境可以分为清洁能源和非清洁能源。清洁能源包括太阳能、风能、水能、氢能等；非清洁能源主要是指化石能源，包括煤炭、石油、天然气及核燃料等。

值得注意的是，所谓的"清洁能源"，如果从"全生命周期"来衡量，可能就不一定是真正清洁的。比如电力，它可能需要靠煤炭等来发电；太阳能需要用单晶硅、多晶硅来获取，而单晶硅、多晶硅是要经过采矿获取，采矿以后还需经过洗选、制造，这些过程也需要用能，而且会造成一定污染；氢能也一样，用电解水来制氢，电从哪里来呢？很有可能是从煤炭来，所以它本身也会有污染。

当然，人们一般把化石能源列为"非清洁能源"，实际上通过科技创新和进步，治理和消除它对环境带来的危害，也可以把其视为"清洁能源"。

全面地看，如果从全生命周期上来加以考量，大家说的清洁能源未必真正清洁。而非清洁能源也不一定不清洁，如果采用科技创新，把非清洁能源对环境的危害程度降到最低，也可以被列为清洁能源。

四、能源是如何发展的？

人类进化与社会发展史也是一部能源发展史，能源种类升级与发展是人类社会和生产力发展的推动力，能源形态与人均用能是社会进步与生活水平的显示器（图1-9）。

从北京猿人用火到现在有50万年。在这漫长的历史长河中，基本上能就是火，能源就是薪柴。一直到了18世纪中叶，也就是我国清朝的乾隆年间，煤炭才开始较大规模地应用。100年后的19世纪中叶才开始规模使用石油和天然气。又过了几十年，从20世纪初到现在，电力成为重要的能源形式。继电力之后，又开发了核能和绿色能源。

能源的发展实际上是和动力机械紧密相关的。为什么18世纪中叶煤炭成为重要的能源？这是因为在1776年蒸汽机经过瓦特改造，被广泛使用，并出现了锅炉。蒸汽机和锅炉作为煤炭转化驱动的动力机械，开始进入工业应用，引发了工业革命，大机器生产代替了手工。

能源、油气与碳达峰碳中和

时期	能源	动力机械	工业革命
50万年以前	火		
	薪柴		
18世纪中叶至今	煤炭	蒸汽机、锅炉 1776年瓦特	第一次工业革命 机器替代了手工
19世纪中叶至今	石油天然气	内燃机 1860—1876年 勒努瓦、奥托	第二次工业革命 石油天然气与电力时代
20世纪初至今	电力	发电机/电动机 1832—1882年 西门子、戈登	
20世纪中叶至今	核能等绿色能源	原子弹（1945年） 核电站（1954年） 苏联奥布宁斯克	第三次工业革命 核能、电子计算机、 信息技术、空间技术、 新材料、生物工程等

图1-9 能源发展历程

到 19 世纪中叶，石油天然气开始规模应用，主要是因为发明了内燃机。1860—1876 年，奥托内燃机的发明，使石油天然气成为一种能源。动力机，就是内燃机。

到 20 世纪初，开始出现电力的应用。实际上在 19 世纪中叶，就发明了发电机和电动机。但是它们的成熟和完善经过了几十年时间，其中，动力机以西门子、戈登为代表。发电机和电动机的出现，推动形成了第二次工业革命。第二次工业革命实际上是石油天然气和电力的使用，以内燃机作为动力机械和以电动机作为动力机械。

20 世纪中叶，人类开始使用核能。最早核能的应用是 1945 年，美国在日本扔下的两颗原子弹，其原理是核裂变。人类和平利用核能，始于 1954 年苏联在奥布宁斯克建立的第一座核电站。再回过头来看，由于能量的这种变化，相应出现了不同的相适应的动力机械，而动力机械又进一步扩大了能源应用，引发了工业革命。

第一次工业革命的特征是用大机器生产代替手工，第二次工业革命使世界进入了石油天然气与电力时代，第三次工业革命则是当前以核能、电子计算机、信息技术、空间技术、新材料和生物工程等为代表性特征。

未来要进入的第四次工业革命,也就是工业革命4.0,它的特征就是信息化(IT)、智能化(ET)、物联网(IoT)和绿色能源,这是作为工业革命4.0的基本特征。

综上所述:

(1)工业革命、技术革命都和能源的变革密切相关;

(2)历史上每一次能源革命,即动力革命,都在推动产生一场工业革命;

(3)可再生能源、绿色能源也必将推动着一场新的工业革命,它的标志之一就是减碳和碳中和。

五、世界和中国的能源结构现状是怎样的？

当今世界能源结构是什么？世界能源消费格局如图 1-10 所示。当今世界能源结构有 3 个特征：

（1）多种能源并存。煤炭、石油、天然气、水电、核电、新能源（风能、太阳能等）等多种能源并存。

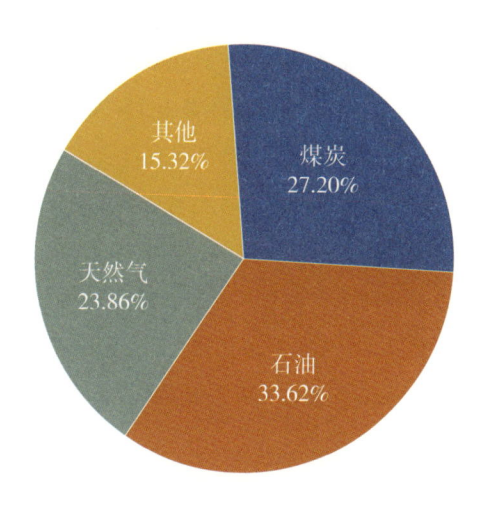

图 1-10 截至 2018 年世界能源消费格局
数据来源于第三届（2019）中国能源产业发展年会

（2）以化石能源为主。煤炭、石油、天然气等化石能源，据2018年相关资料，在当今世界能源结构中占比接近85%。

（3）石油和天然气是主体能源。据2018年相关资料，石油和天然气在当今世界能源结构中占比超过57%。

小贴士

主体能源是指在能源结构中占比最多的能源。因为石油、天然气在当今世界能源结构中占比最大，所以它们是主体能源，可以说当前世界能源仍处于石油天然气时代。在用能源是指目前仍在使用的能源，尽管它不占主要地位，但是还在使用，并且还会沿用一定时期，例如煤炭、薪柴等。煤炭在20世纪20年代初成为世界的主体能源，石油和天然气在20世纪60—70年代取代煤炭，成为主体能源。但是随着控制全球气候变化和CO_2的排放，非化石能源成为未来世界的主体能源是必然的发展趋势。

第一章 认识能源

再来了解一下中国能源现状，可以总结为以下几点：

（1）我国能源结构是以化石能源为主（煤炭、石油、天然气的占比在80%以上），多种能源并存。中国的能源结构和世界上是不一样的，中国是以煤炭为主，第二位是石油天然气。

（2）2021年我国石油对外的依存度为72%左右，天然气对外依存度为44%左右。

（3）这几年可再生能源在国内发展迅速，增速居全球首位。以2019年为例，煤炭占比56.7%，石油天然气占比28%，非化石能源占比15.3%。2020年，非化石能源占比达到了15.9%，并不断进步，扩大了新能源的应用范围。

（4）2021年全国一次能源生产总量是43.3亿吨标准煤，同比增长6.2%，能源自给率是82.6%，对外依存度是17.4%，主要来源于进口石油天然气。2021年全国能源消费总量是52.4亿吨标准煤，比2020年的49.8亿吨标准煤同比增长5.2%。

能源、油气与碳达峰碳中和

再来了解我国能源工业发展的相关数据。1949 年新中国建立以来,能源工业发展迅速,数量、规模快速增长,特别是改革开放以来,能源增长支撑了国民经济翻两番。1953 年,全国的能源消费量仅仅是 0.5 亿吨标准煤(当时全世界一年的用能总量是 26 亿吨标准煤);2021 年,全国能源消费量是 52.4 亿吨标准煤,增加了 100 倍以上,社会生产力、人民的生活水平确实大幅度提高了(图 1-11)。

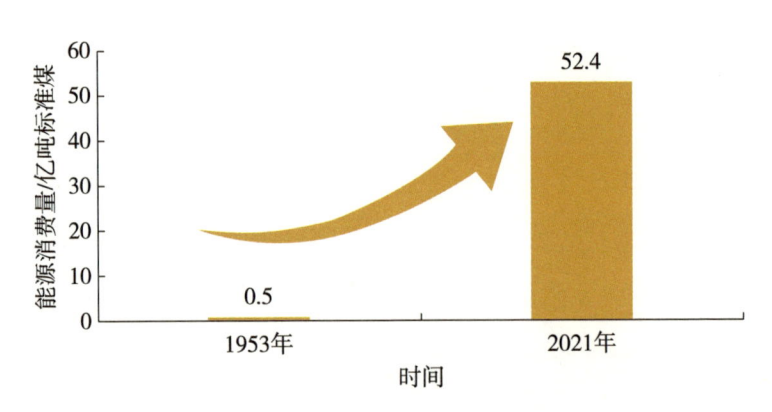

图 1-11 中国能源消费量变化

第一章 认识能源

2000年，全国煤炭产量仅仅为10.174亿吨，2021年是41.3亿吨，增长3倍以上，如图1-12所示。随着技术进步，我国能源利用率大幅度提升，但和世界先进水平相比，还有很大差距，因此还有很大提升空间。

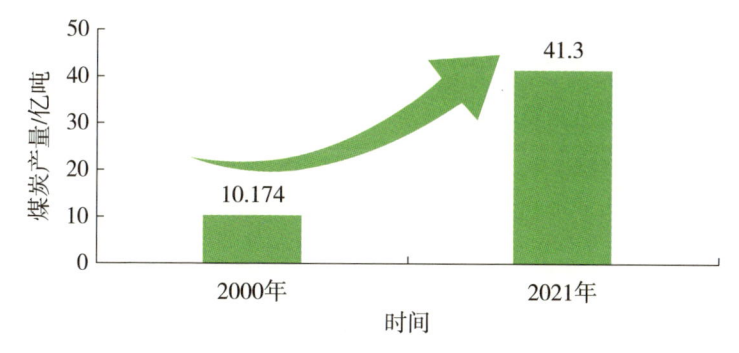

图1-12 中国煤炭产量变化

小贴士

中国用能的计量单位是标准煤（每千克标准煤的热值为7000千卡），国际上用能的计量单位是标准油（每千克标准油的热值为10000千卡），也就是标准油和标准煤之间进行换算是有0.7的倍数关系。

来自国际能源署和世界银行的数据显示，2020年我国每万美元国内生产总值（GDP）的能耗是全球平均水平的1.5倍，是美国的2.3倍，是德国的2.8倍，这说明我国用能的水平、效率还是比较低的。不过，从另一个方面来说，还有很大的进步空间。怎么才能提高用能的水平，提高能效？靠科技进步。我们只有靠科技创新和科技进步来提高能效、推动节能降耗。

六、未来能源在哪里？

由传统的化石能源为主转向以绿色能源（清洁能源、可再生能源）为主是不可逆转的历史发展趋势（图1-13），这是因为需控制气候变化（预计在21世纪内把地球温度升高控制在1.5～2.0摄氏度）、减少碳排放，以及化石能源的不可再生性。

传统化石能源　　不可逆转　→　绿色能源
（煤炭、石油、天然气等）　　　（太阳能、风能、核能等）

图1-13　未来能源发展趋势

能源技术（Energy Technology，简称ET）与能源经济将是未来技术和产业的重要方向之一。

太阳能是取之不尽、用之不竭的能源。地球的能源资源来自太阳的热核反应，本质上在于氢聚变成氦，太阳表面的温度将近6000摄氏度，中心温度是1500万摄氏度到2000万摄氏度。再看一些数据，太阳每秒钟释放的热量为

3.865×10^{26} 焦耳，是天文数字，非常大。相当于每秒钟释放的热量可达到 1.32 亿亿吨标准煤，到达地球表面的能量约为全球每年消费总能量的 3.5 万倍，所以太阳能是非常大的能源。

当前，科学家们也正在探索一些新能源，例如：

（1）托卡马克/EAST 核聚变（又称人造小太阳）。这是世界上 7 个国家联合起来共同开展的一个大型国际合作试验（即国际热核聚变实验反应堆计划，中国承担部分代号 EAST，名为"东方超环"）。原料采用氘（氢的一种同位素）。氘广泛存在于海水中，每升海水里面含 0.03 克氘，而这 0.03 克氘如果将来用在核聚变中，它的能量相当于 300 升汽油的能量。海水总量为 10^{18} 亿吨，含氘量 45 万亿吨。大家想一想，一升海水里面的氘，就可以相当于 300 升汽油，这是多么巨大的能量。

当前进展如何？列举几个数据。截至 2022 年，我国负责的 HL-2M 装置实现了等离子电流 100 万安培，在 1.6 亿摄氏度的温度下，可以运行 20 秒；在 1.2 亿摄氏度的温度下，可以运行 101 秒。总的来说，进展是可喜的，但是要实现人类使用核聚变发电，还要经过相当长的时间。（在 2023 年 2 月 18 日作本报告之后约 2 个月，即 2023 年 4 月 12 日，我国 EAST 再次刷新纪录，实现 403 秒稳态长脉冲高约束模式下等离子体运行）

（2）氦 -3。据有关资料介绍，月球有 103 万吨至 129 万吨的氦 -3 资源，而地球上只有 0.5 吨。氦 -3 具有大量的能量，20 吨氦 -3 与 50 亿吨标准煤能量相当。我国近几年每年消耗的能源总量约为 50 亿吨标准煤，也就是说，20 吨的氦 -3 可满足我国一年的能源用量。对于全世界来说，仅 100 吨的氦 -3 就能满足一年的能源用量。月球上的氦 -3 总量可供人类使用 1 万年。这个数据是非常诱人的，但实现商业化尚需时日。

观众提问：老师好，我想请问一下石油都埋藏在很深的地下，我们具体是怎样让钻头找到石油的？

苏院士：这个问题提得很好，这里面涉及比较多的专业内容，一般来讲，石油埋藏在上千米以及更深的地下。我国现在开发油气最深的井，垂直深度是8882米。怎么找到石油，首先是地质家们根据地质构造以及相关的地质学理论，先钻一些井，称为探井，通过各种勘探技术来研究相关情况，找着边界，确定方向后，就可以扩大规模，部署开发井。通过钻开发井，把地下石油采出来。在勘探和开发整个过程中，都离不开钻井工程，它包括钻机、钻柱以及井下工具，还有测量系统、钻井液系统，以及固井、完井等多种技术配套环节，把石油开发出来。首先，钻头要破碎岩石，把地层钻成深达几千米直接到达油层的井眼，通过一系列相关的工艺操作，最后把地下的石油采出来。如果您感兴趣的话，可以再找相关的专业资料，做进一步的了解。谢谢！

第二章

走进石油与天然气

02 CHAPTER

20世纪60年代，石油与天然气取代了煤炭成为全球能源结构中的主体能源。2018年，在世界能源结构中，石油与天然气占比57.48%，超过一半（图2-1）。2021年，在美国能源结构中，石油与天然气占比67.2%，超过2/3；在中国能源结构中，石油与天然气占比27.4%（图2-2）。

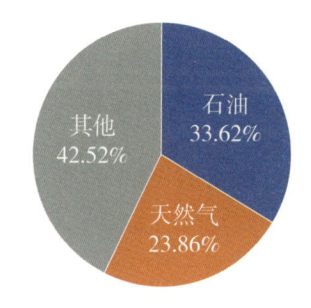

图2-1 2018年世界能源结构

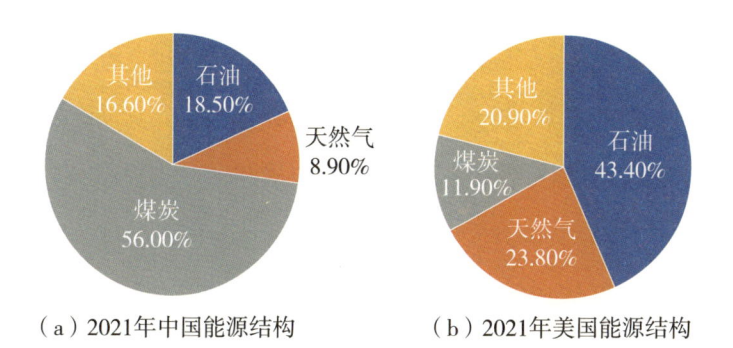

（a）2021年中国能源结构　　（b）2021年美国能源结构

图2-2 2021年，中国和美国的能源结构对比

一、石油有哪些属性？

石油是战略物资，影响国计民生和国防安全，具有三大属性：

（1）能源属性——用作燃料。什么是它的燃料属性？例如，把石油作为燃料用于开车、船和飞机。2017年我国52%的石油用于交通，包括民用和军用。

（2）物资属性——用作石油化工原料。可以说在当今社会，任何一个人，看看身边的东西，都可以找出来和石油化工有关的材料，包括汽车、座椅、衣服等。在任何地方都可以发现石油化工原料的制品，可见它和人们生活密切相关。

（3）金融属性——当今美元和石油挂钩。石油金融属性发展历程如图2-3所示。在第二次世界大战将要结束的时候，1944年7月，美国邀请了几个主要国家召开了会议，会议就战后国际金融体系进行了讨论，这个会议在美国的布雷顿（Bretton）森林里召开，故这个国际金融体系就被称为布雷顿森林体系，会议决定美元和黄金挂钩，这个体系实行了几十年，美国获益很大，美国黄金储备最多时达到 24000 吨，几乎占全世界的一半。但是后来一些国家为了反对美国的金融霸权，用他们手里掌握的美元换取了美国的黄金，美国黄金储备量降至 8000 吨。1971 年 8 月，尼克松当选总统后，他不能为前任留下的矛盾来负责，他宣布美元与黄金脱钩。但是总得有挂钩的东西，用什么挂钩？用石油。1973 年 10 月，美国做通了沙特阿拉伯等国的工作，宣布美元与石油挂钩，从此美元和石油紧密相关，美元就是石油，石油就是美元。回顾一下，从 1945 年第二次世界大战结束，冷战开始以后，至今几十年中，世界上发生了很多战争，尤其是中东，归根结底，战争是和石油相关的。

时间		事件
1944 年 7 月	💲 ↔	美国布雷顿森林体系：美元与黄金挂钩
1971 年 8 月	💲 ↮	美国宣布：美元与黄金脱钩
1973 年 10 月	💲 ↔	美国宣布：美元与石油挂钩

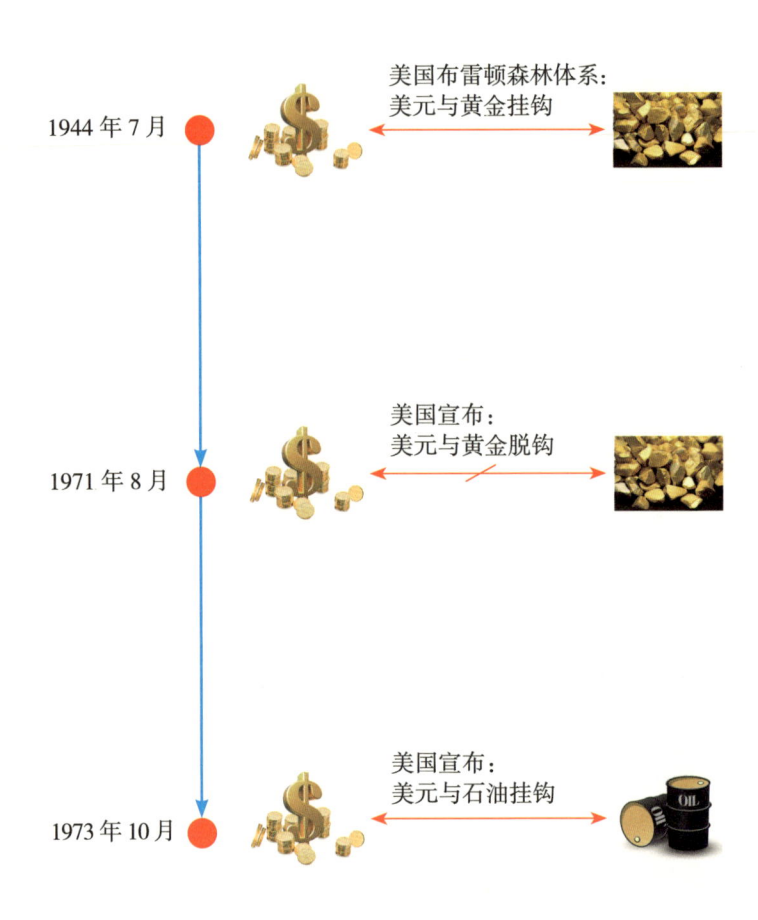

图 2-3　石油金融属性发展历程

二、中国的石油工业是如何发展的?

1859 年 8 月,美国人德雷克钻成了深 112 米的油井,在 25 米深处出了石油,这口井被誉为"世界第一口油井",也被称为世界石油工业的开端。

实际上,我国的钻井工程比美国等西方国家要早得多,我国的钻井工程开始于先秦时期(四川自贡),当时生产目标是开采卤水和天然气。1835 年(清朝道光十五年),在四川自贡钻成了世界第一口千米井——燊海井,深度为 1001.42 米。所以有人说钻井技术是中国贡献给世界的"第五大发明"。

我国的石油工业发展于 1877 年,当时在台湾省钻成了"苗栗 1 井",井深 300 米,日产油 1.5 吨,虽然这个量不大,但是这是中国石油工业的开端。到了 1907 年,在陕北延长县出现了"延一井",延一井是请日本专家在当地参与钻进的,钻成以后,日产原油 1.5 吨,就是靠这 1.5 吨的产量,在 20 世纪 30 年代,对陕甘宁边区给予了很大的物资支持。

中国石油工业发展简况如图2-4所示。在20世纪30—50年代,中国石油工业的重点在西部。20世纪30年代开发的玉门油矿是中国石油工业的发祥地,它不仅为国家提供了石油,还培养了许多人才,例如铁人王进喜就是从玉门油矿走出来的。之后到20世纪50年代后期,中国石油工业在党中央的部署下实行战略东移,在大庆、渤海湾、四川等地进行勘探开发。一直到20世纪80年代后,战略重点又回到了西部,勘探开发塔里木等地。

1949年新中国建立时,全国石油产量为12万吨,其中只有7万吨是直接依靠钻井采出的原油,其他5万吨是油页岩冶炼的油。

到了20世纪60年代,大庆油田的开发实现了整个中国石油工业的战略东移。到了1978年,以大庆油田为主的多个油田实现了全国总产量突破1亿吨(1.04亿吨),这是中国石油工业重要的发展里程碑。

第二章 走进石油与天然气

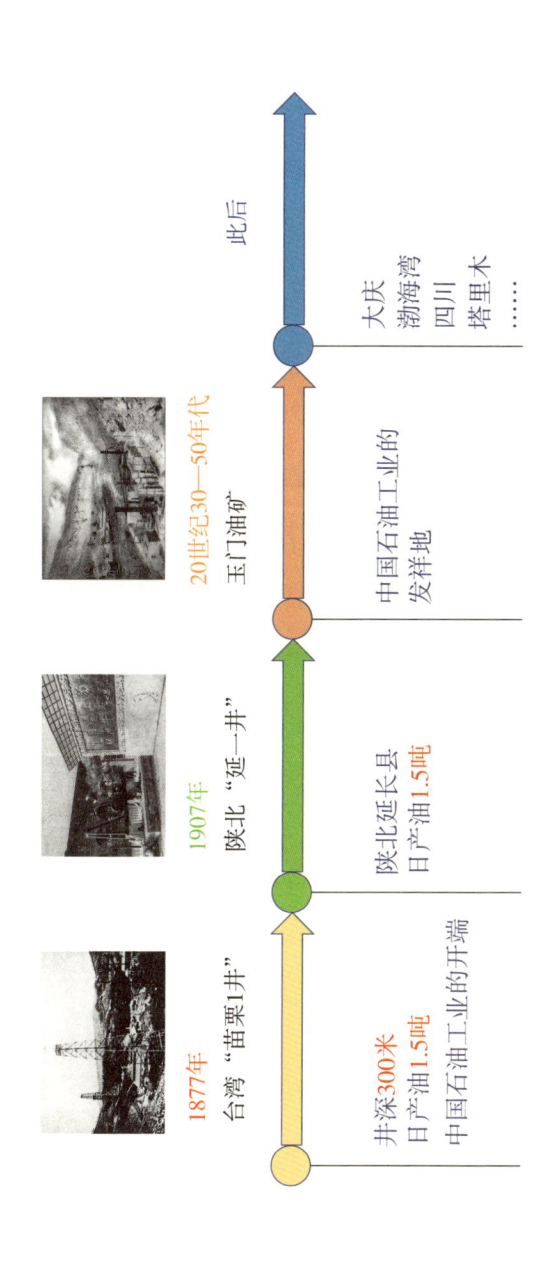

图 2-4 中国石油工业发展简况

1877年
台湾"苗栗1井"
井深300米
日产油1.5吨
中国石油工业的开端

1907年
陕北"延一井"
陕北延长县
日产油1.5吨

20世纪30—50年代
玉门油矿
中国石油工业的发祥地

此后
大庆
渤海湾
四川
塔里木
……

037

到了 20 世纪 80 年代后期，中国石油工业的战略目标是稳定东部、发展西部、开发海外，战略重点再一次回归到了西部，比如说塔里木油田等。2015 年我国原油产量达到 2.15 亿吨，这是历史上我国原油产量最高的一年。而 2016 年，国际油价大幅下降，国内原油产量降到了 1.8 亿吨多。最近几年产量逐步回升，2022 年重新回到 2 亿吨以上（2.0467 亿吨），但是还没有达到历史最高产量 2.15 亿吨（图 2-5）。2 亿吨石油产量，是我国整个石油工业的压舱石，也是我国能源结构中的重要压舱石，意义非同小可。

近年来，虽然我国天然气产量增长很快，2021 年天然气产量超过了 2000 亿立方米，但是我国仍需大量进口石油和天然气。2021 年，我国进口原油 5.1298 亿吨，对外依存度达到 72.2%，进口天然气 1674 亿立方米，对外依存度达到 44.9%。

第二章 走进石油与天然气

产量
- 1949年：石油产量12万吨（5万吨为油页岩冶炼的油）
- 1959年：大庆油田 20世纪60年代 石油自给 石油工业战略东移
- 1978年：产量突破1亿吨（1.04亿吨）
- 20世纪80年代后期：稳定东部 发展西部 开发海外
- 2015年：原油产量2.15亿吨
- 2021年：原油产量1.99亿吨 天然气产量2053亿立方米

进口量
- 2021年，进口原油5.1298亿吨，对外依存度72.2%；进口天然气1674亿立方米，对外依存度44.9%

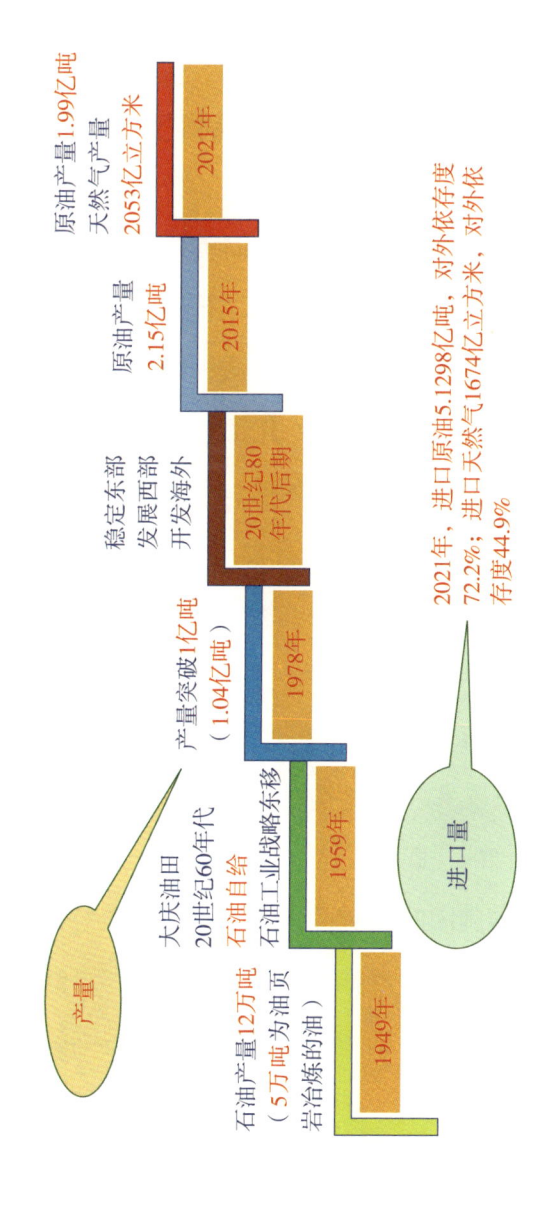

图2-5 中国的石油天然气产量发展与2021年的进口量

039

三、为什么说石油天然气行业是高科技行业?

石油天然气行业具有四个特征,简单总结为"四高",即高投入、高产出、高风险、高技术。石油天然气行业是多行业、多专业交叉的领域,涉及地质、物理、化学、工程、信息、机械、控制、核科学、化工等。石油工业现在形成了十大学科,包括油气地质勘探、应用地球物理、地球物理测井、钻井工程、油气田开发与开采、油田化学、海洋石油、石油钻采机械与装备、油气集输与储运、石油加工等(图2-6)。

举个例子来了解石油工业的一些高新技术。大家都听说过三维地震,什么是三维地震?通俗地讲,三维地震相当于给地球做"CT",即做扫描,切片扫描,来了解地下的地质构造。我带领团队研究的地质导向钻井系统,可以理解为闻着油味走的航地导弹。在地下,它能够自动地去追寻哪里有油,找到油,钻到油层里,可以获得高的钻遇率和产量。

第二章　走进石油与天然气

十大学科：油气地质勘探、应用地球物理、地球物理测井、钻井工程、油气田开发与开采、油田化学、海洋石油、石油钻采机械与装备、油气集输与储运、石油加工

地质、物理、化学、工程、信息、机械、控制、核科学、化工等

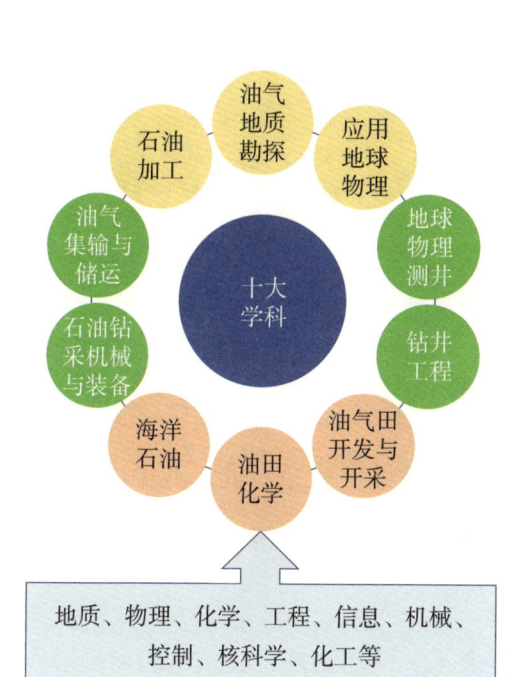

图 2-6　石油工业十大学科

另外，还有遥控钻井、远程钻井。在英国剑桥的实验室里发出一个指令，就可以操控在美国休斯敦实验室里面的装置。专家们把钻井工程的高技术特征总结为 I^4。I^4 是什么意思？即是指信息化、智能化、集成化、个性化，这4个词语的英文单词都是以字母 I 开头的，所以简称为 I^4（图 2-7）。

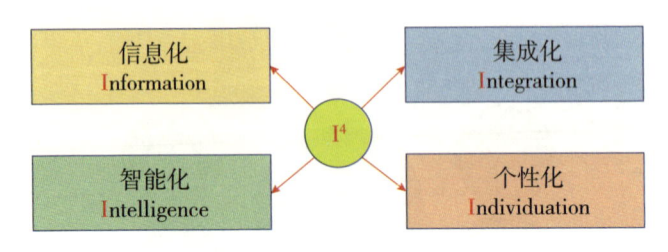

图 2-7　钻井工程的高技术特征

综上所述，钻井工程是石油工业中非常重要的组成部分，钻头不到，油气不冒，没有钻井工程的钻探，就没有原油和天然气的产出。

我们再来了解现在钻井工程技术的情况。

世界最深直井：苏联的科拉半岛的"СГ–3"井，井深12262米（这口井从1970年5月24日开钻到了20世纪90年代初完工，历时23年）。

世界最深大位移井：俄罗斯的"O-5RD"井（井身水平位移将近15000米，即在海上的一个平台上开钻，可以把15千米以外的油采出来）。

中国最深直井：中国石油的"轮探1井"，井深8882米（相当于地下的珠穆朗玛峰）。

中国最长斜深井：中国石化的"顺北56X井"，9300米。

四、石油天然气产业是夕阳产业吗？

谈到石油工业的未来，社会上有些人担心：石油再用几年，可能很快就没有了。其实不是这样，随着科学技术的不断发展，勘探技术的不断进步，仍在向新的领域获取石油。这里要强调五点：一是石油天然气产业不是夕阳产业，在未来碳达峰碳中和中仍然要发挥重要作用。二是"两个150年判断"：这是中国工程院的院士们提出来的，即世界石油工业距今已有150年，预计未来的资源基础还可以再用150年。天然气是煤炭减量中的最好替代，燃烧天然气所产生的CO_2，要比燃烧煤炭低得多。把一个热值单位的天然气产生的CO_2假设为1，原油是1.24，煤炭是1.53，也就是说，煤炭产生的CO_2要比天然气高出50%以上。所以，在实现碳达峰碳中和的过程中，如果要减少煤炭的应用，天然气是一种最好的战略替代。三是随着碳达峰碳中和的实施，化石能源的应用会减少，石油和天然气在一定时期以后，会较多地回归到物资属性，用作化工原

第二章　走进石油与天然气

料。四是油气开采的方向会继续转向"低、深、海、非"：所谓"低"就是低品位；所谓"深"就是深层，现在国内已经把井钻到了 8882 米的深度，正准备再攻关 1 万米深井；另外，"海"是海洋，"非"是非常规。五是天然气水合物的开采，当前正在进行研究，它是一项战略储备，有专家估计，天然气水合物的储量有可能相当于全球化石能源的两倍，储量很大，如果把它开采出来，将会是化石能源一个很重要的新品种。

观众提问：苏老师您好！我是来自北京外国语大学的张××，请问如果现在的气温升高两摄氏度，地球会变得怎么样？

苏院士：我不是专门研究气候变化的专家，我只能通过一些资料数据来大概地讲一下我的理解。

随着地面气温的升高，会带来一系列的变化，比较突出的是海平面的升高，比如说北极、南极的冰在融化，导致海平面升高，沿海的陆地可能就会被淹没，另外还可能造成气候异常和极端气候，一些物种的毁灭和病菌的释放，影响是比较大的。所以从全世界来说，都把控制地球气温升高，作为国际性合作的目标，建立专门组织，提出计划表，要求参与的国家履行这些条约，严格控制气温升高。谢谢。

第三章
碳达峰碳中和理解与认识

第三章 碳达峰碳中和理解与认识

"碳达峰"是指在某一个时间点,二氧化碳的排放量不再增长而达到峰值,之后逐步回落;"碳中和"指的是,在一定时间内,通过能源结构调整、节能减排、植树造林等途径,抵消所产生的二氧化碳排放量,实现二氧化碳"零排放"。2020年9月22日,国家主席习近平在第七十五届联合国大会一般性辩论上表示,中国将提高国家自主贡献力度,采取更加有力的政策和措施,二氧化碳的排放量力争于2030年前达到峰值,努力争取到2060年前实现"碳中和"。"碳达峰碳中和"已经成为全球共识。2020年能源相关CO_2排放量约占全球CO_2排放总量的87%,我国基本趋同,是88%(图3-1)。化石能源燃烧是全球CO_2排放的主要来源。截止到2021年,已经有136个国家提出了"零碳"或"碳中和"目标,覆盖全球85%的人口、90%的GDP和88%的碳排放量。

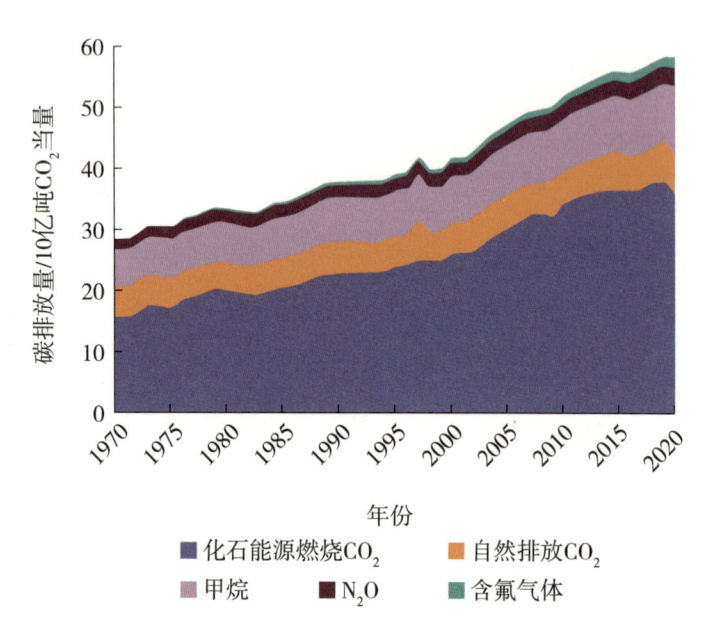

图 3-1 全球不同年份碳排放主要来源及变化趋势

一、中国的碳排放现状如何？

中国是全球应对气候变化工作的参与者、贡献者和引领者，推动了《联合国气候变化框架公约》《京都议定书》《巴黎协定》等一系列条约的达成和生效。"碳达峰碳中和"是党中央经过深思熟虑所做出的重大战略决策，将成为中国未来数十年经济社会发展的主要基调之一。国家在2021年部署的几个重大任务中就包括积极推进"碳达峰碳中和"。

我国能源消费是造成碳排放的主要来源之一。中国作为当前全球能源消费和碳排放的第一大国，2020年一次能源消费量达到了49.8亿吨标准煤，占全球一次能源消费量的26.1%，所造成 CO_2 排放量达到了98.9亿吨，占全球能源消费所造成 CO_2 排放量的30.9%，但是中国历史人均累计碳排放总量远低于西方国家。中国 CO_2 排放量变化趋势如图3-2所示。

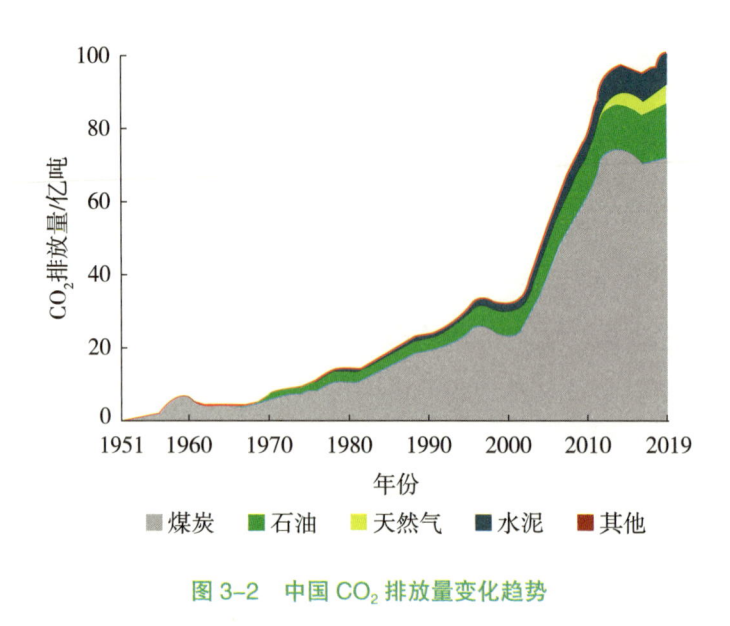

图 3-2　中国 CO_2 排放量变化趋势

党中央和国务院的相关文件明确指出：能源绿色低碳发展是实现碳中和的关键，能源领域要通过强化能源消费强度和总量双控、大幅度提升能源效率、严格控制化石能源消费、积极发展非化石能源、深化能源体制机制改革等重大举措，加快构建清洁低碳安全高效能源体系，助力国家实现碳达峰、碳中和目标。

二、碳达峰碳中和研究的基本理念

关于碳达峰碳中和研究的基本理念，在研究碳达峰碳中和这个问题时，我提出了 16 个字的理念：立足国情、安全发展、科学创新、务求实效（图 3-3）。

所谓"立足国情"：指的是 1900 年到 2019 年，我国历史人均累计的碳排放总量远远低于西方国家，这是事实。尽管现在我国碳排放量居全球第一，但是在过去的 100 多年，累计人均排放总量是显著低于西方国家的。2020 年我国一次能源的消费量占全球的 26.1%，能源燃烧相关的 CO_2 排放量占全球的 30.9%。能源结构，当前仍然以化石能源为主，譬如说 2019 年煤炭占比 56.7%，石油天然气占比 28%，非化石能源占比 15.3%，我国的碳汇是 12 亿吨。什么叫碳汇？可以直接吸收 CO_2 的叫碳汇。譬如说森林、庄稼、草原等，12 亿吨碳汇 80% 来自森林，这也是我国国情之一。另外，经过多年不懈努力，目前能源转型已经取得了重要的进展，非化石能源占比在迅速提高。2020 年，非

立足国情

- 1900—2019年，我国历史人均累计碳排放量远低于西方国家
- 2020年，我国一次能源消费量占全球26.1%，能源燃烧相关二氧化碳排放量占全球30.9%，能源结构中以化石能源为主，2019年煤炭占比56.7%，石油占比15.3%，天然气占比28%，非化石能源占比12亿吨
- 目前能源转型已取得重要进展，非化石能源消费快速增加（2020年在能源结构中占比15.9%）
- 面临产业结构偏重、能源消费偏煤、能源利用效率偏低、碳中和窗口期偏短、新能源关键矿物供应不足

安全发展

- 我国还是发展中国家。为了实现中华民族伟大复兴和"第二个百年"奋斗目标，经济要发展，能源需求还要增加
- 保证无足可靠的能源供应，是我国能源发展战略中的首要国家安全问题，能源安全关乎国家平安

科学创新

- 科学技术与管理的创新是实现碳达峰碳中和目标的推动力用科学态度去创新，要做到"四可"，即科学原理上是可能的，技术经济上是可行的，工程实践上是可操作的，长远发展是可持续的

务求实效

- 为实现"双碳"目标，能源发展战略研究、路径选择和方案设计要落到实处，真正见到实效，力戒空谈
- 我国要实现碳达峰与碳中和，无疑是要选择一条代价最小的路径。因为这是一场深刻的能源、科技、经济乃至于社会革命，必然存在着诸多风险与困难，面临诸多风险与挑战

图 3-3 碳达峰碳中和研究的基本理念

054

化石能源占比从上一年的 15.3% 达到了 15.9%，2021 年达到了 16.6%，2022 年达到了 17.4%，逐年递增，可见国家对这个问题的重视。我国在新能源发展的增速上，稳居全球第一。同时，要充分看到，在实现能源转型和碳达峰碳中和的过程中，还面临着一系列的困难，产业结构偏重，能源消费偏煤，能源利用效率偏低，碳中和的窗口期很短（国外有些国家这方面已经做了几十年工作，而我国是 2020 年才提出，2060 年就要达到碳中和，这个时间只有 40 年，国外已经做了甚至 80 年左右了），新能源方面关键矿物供应不足、对外依存度偏高等，这都属于我们的国情。在研究碳达峰碳中和问题的时候，一定要立足于国情来思考、来布局。

所谓"安全发展"：要实现碳达峰碳中和，能源安全是第一位的，如果不考虑能源安全，一切都没有意义。我国还是发展中国家，为了实现中华民族伟大复兴的第二个百年宏伟目标，经济要发展，能源需求肯定还要增加，如果没有可靠的充足的能源供应，发展就是一句空话。能源安全关乎国家安全，实现碳达峰碳中和，一定要高度关注能源安全，能源安全是实现碳达峰碳中和目标的前提。

所谓"科学创新"：就是在科学方法、科学原理、科学态度上，要严格地遵守科学的规律。科学技术与管理的创新是实现碳达峰碳中和目标的推动力，要用科学的态度去创新。我提出了四个"可"，即科学原理上是可能的、技术经济上是可行的、工程实践上是可操作的、长远发展是可持续的。一是原理上是可能的，比如有人说永动机很好，它不会产生碳排放，但是它在原理上是不可能的；二是技术经济上是可行的，有些方案听起来很好，但是技术上通不过，经济上也不可行，这就不行；三是工程实践上是可操作的；四是长远发展是可持续的。譬如说氦-3，月球上的氦-3可以取回来用作能源，从目前来看，技术经济上是不可行的，是做不到的，工程实践上也是难以操作的。

所谓"务求实效"：为了实现碳达峰碳中和目标，能源发展的战略研究，包括路径的选择和方案的设计，一定要落到实处，真正见到实效，力戒空谈。要对国家负责，对人民负责，要提出真正的切实可行的战略路径。有句话叫"条条大路通罗马"，说的是实现一个目标，有多条路径可以选择，但是肯定只有一条路径是最优的，而对于实现碳达峰碳中和目标，最优的路径是什么？应该是代价最小的路径。因为实现碳达峰碳中和，实际上是一场深刻的能源革命、科技革命、经济革命，甚至是社会革命，必然存在很多矛盾和困难，面临着风险和挑战，必须选择代价最小的路径。

三、碳达峰碳中和问题的五个基本认识

关于碳达峰碳中和问题的基本认识，在这儿归结为五句话：能源消费是核心、产业结构调整是关键、化石能源是重点、提效节能是抓手、建设现代能源体系是目标（图3-4）。能源消费是核心，即只有控制好能源结构和消费的比例，才能控制住排放总量；产业结构调整是关键，即要合理控制消费和排放比例，就必须进行产业结构调整，当前产业结构是难以保证碳达峰碳中和目标实现的；化石能源是重点，即我国当前的能源结构是以化石能源为主体，而化石能源的消费也是碳排放量居高不下的根本原因，应该把它作为重点来抓；提效节能是抓手，即要实现碳达峰碳中和的目标，就要牢牢抓好提效和节能两个环节；建立现代能源体系是目标，即要建立起具有中国特色的新型能源体系。

一是能源消费是核心。CO_2排放的重点在于能源消费，能源消费在全球排放的总量占总的CO_2排放量是87%，我

第三章 碳达峰碳中和理解与认识

- 能源消费是核心 — 核心：只有控制好能源结构和消费比例，才能控制住排放总量。
- 产业结构调整是关键 — 关键：要合理控制消费和排放比例，就必须进行产业结构调整。
- 化石能源是重点 — 重点：我国当前的能源结构是以化石能源为主体，而化石能源消费也是碳排放量居高不下的根本原因。
- 提效节能是抓手 — 抓手：实现碳达峰碳中和目标，就要牢牢抓好提效和节能两个环节。
- 建设现代能源体系是目标 — 目标：建立起具有中国特色的新型能源体系。

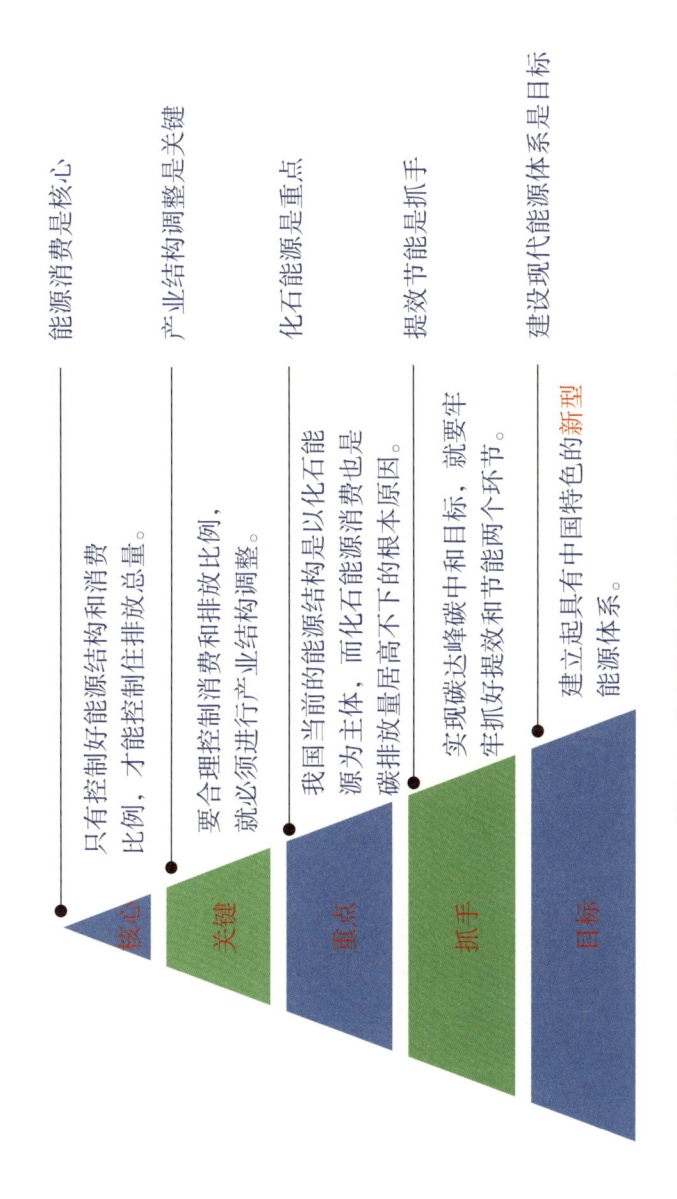

图 3-4 碳达峰碳中和问题的五个基本认识

059

国是 88%。图 3-5 给出了我国过去 40 年来的 CO_2 排放量（此图根据相关统计数据制成，不单限于能源燃烧的排放量）。我国 2021 年能源消费的 CO_2 排放量达到 98.9 亿吨，约为美国的 2.2 倍，欧盟的 3.9 倍。因为我国的能源结构是以化石能源尤其是煤炭为主的，所以一定要抓住能源消费这个核心，只有控制好能源结构和消费的比例，才能控制住总的 CO_2 排放量。由此，我们能进一步深刻理解能源消费革命的内涵。

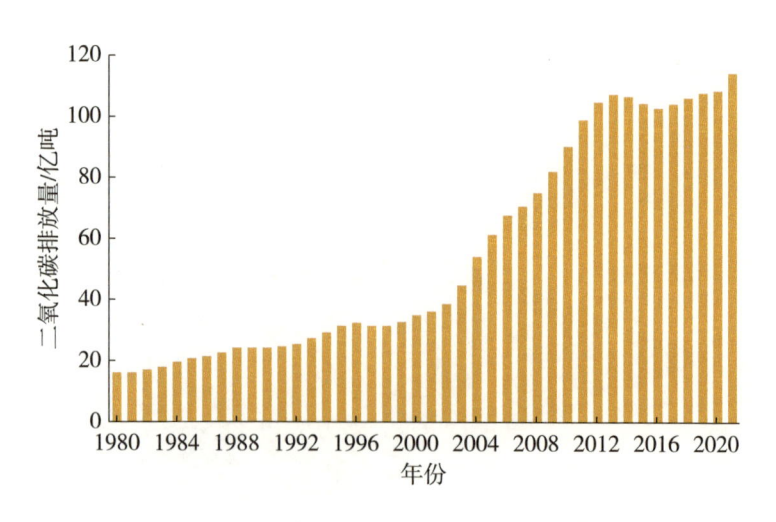

图 3-5 中国不同年份二氧化碳排放量

二是产业结构调整是关键。我国当前处于工业化中后期，第二产业占比很重，它既是国民经济的基石，同时也是耗能大户，而且存在着产业结构明显不合理的问题（图3-6）。2020年我国第二产业GDP贡献率为37.8%；我国制造业GDP贡献率为26.2%，这要比全球平均水平16.5%超出了近10个百分点，但单位GDP碳排放总量达到了70%左右，其中，钢铁、水泥、有色金属、汽车等高耗能产业在全球占比很高（图3-7）。2020年我国生产了全球57%的粗钢、58%的水泥、57%的电解铝和32.5%的汽车，表现为能源消耗总量大，单位GDP能源消耗强度高。因此要想控制好二氧化碳总排放量，就必须进行国民经济结构调整、产业结构调整。

三是化石能源是重点。目前我国能源结构仍然是以化石能源为主体（图3-8和图3-9），而化石能源消费高也是碳排放量居高不下的根本原因。要实现碳达峰碳中和目标，必须把煤炭、石油天然气等化石能源作为重点，减少其在消费侧的占比，积极发展非化石能源。煤炭长期在我国能源安全战略中发挥着基础作用，但是由于它具有高碳

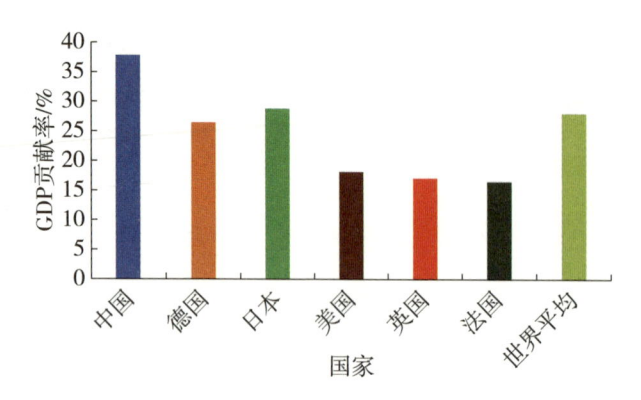

图 3-6 2020 年部分国家第二产业的 GDP 贡献率

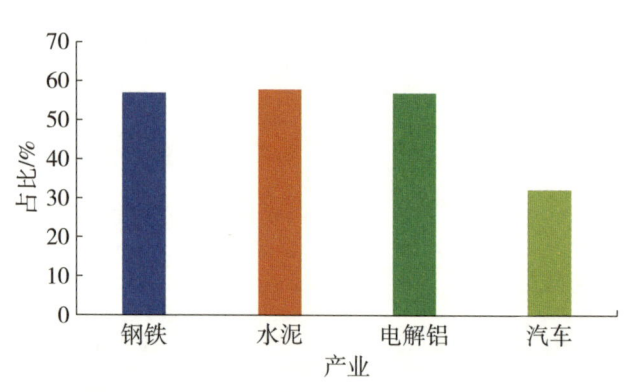

图 3-7 2020 年我国部分高能耗产业全球占比

图 3-8　中国一次能源消费结构变化

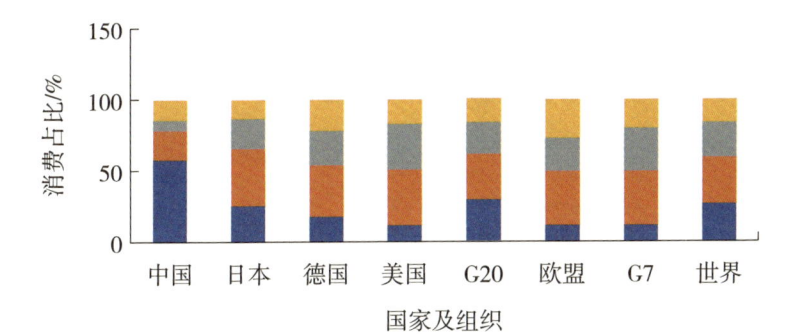

图 3-9　2000—2020 年中国能源消费结构变化趋势

属性，煤炭燃烧排放 CO_2 量占我国能源相关 CO_2 排放总量的 79%，因此，"减煤"被视为能源绿色低碳转型的主要举措，但"减煤"如果速度过快、力度过大，将会削弱其对能源体系安全运转的"托底保供"作用，短期内会引发能源安全问题；减煤不应简单理解为减量，根本在于减碳，要实现煤炭的清洁化利用。在今后相当长一段时间内，由于石油的能源属性、物资属性和金融属性，对石油还会有较大的需求量，对天然气的需求量因天然气相对于煤炭的低碳特性还会大幅度增加。值得强调的是，化石能源没有原罪，不能把化石能源一概斥之为"非清洁能源"，如果能够通过科技创新把它用好，就可以把所谓的"非清洁能源"变为"清洁能源"，所以一定要辩证地看。

四是提效节能是抓手。实现碳达峰碳中和目标，就要牢牢地抓好提效和节能两个环节。提效只有通过科技创新和管理创新才能实现，同时应在全社会树立"节能是第一能源"的理念，并从理念、政策、法规、管理和科技创新方面入手，切实做好节能，因为节能本身就是减排。2000年以来，我国单位 GDP 能耗持续下降，但仍远高于全球平均水平。根据国际能源署和世界银行提供的数据（图3-10），2020年我国每万美元的GDP能耗是全球平均水平的1.5倍、美国的2.3倍、德国的2.8倍。以相同的GDP为考核标准，我国的能源消费导致的CO_2排放总量是全球平均水平的1.8倍（这是因为我国能源结构仍是以煤炭为主，煤炭产生的CO_2排放量当前还比较高）。我国目前存在着严重的能源浪费，能源综合利用率低，据统计，我国约50%的工业能耗没有被利用，余热资源利用率只有30%左右，远低于发达国家40%～60%的平均水平（图3-11）。如果这些能利用起来，可以减少能源消费量，也有利于减少排放总量。

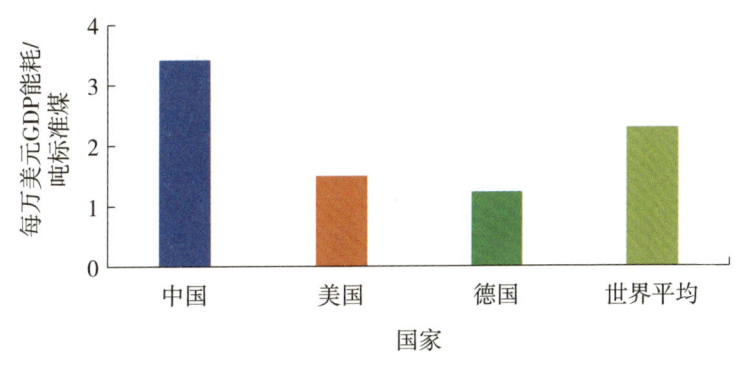

图3-10 2020年部分国家每万美元GDP能耗

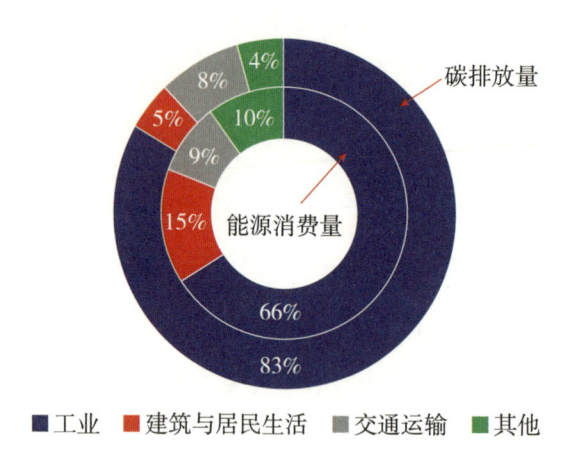

图 3-11　2018 年我国部分行业能源消费量（内圈）与碳排放量（外圈）对比

图例：■ 工业　■ 建筑与居民生活　■ 交通运输　■ 其他

内圈（能源消费量）：66%、15%、9%、10%
外圈（碳排放量）：83%、5%、8%、4%

　　五是建设现代的能源体系是目标。我把中国现代的能源体系概括为"八个化"，即化石能源清洁化、非化石能源低碳化、新能源的多元化、规模化和本地化、多种能源综合化、终端能源消费的再电气化和能源系统智慧化。化石能源清洁化，即要把化石能源用清洁；非化石能源的低碳化，即我们要发展非化石能源，一定要选择低碳的。新能源的多元化，指的不是只发展一种，而是多种；还要规模化，没有规模就没有效益，而且要本地化，所谓本地化指的是每一个地方尽量把风能、太阳能等新能源综合利用起来。过去经常是在西部用煤炭发电，因为东部用能多，则需把电通过远程高压超高压输送到东部，其实东部也有风能、太阳能资源，应该开发利用这些资源来减少从外输入能源，这本身也是减少能源消耗，同时也可提高能源安全的冗余度。再一个就是多种能源综合化，未来不会单一的使用一种能源，而是多种能源互相补充。最后要实现终端能源消费的再电气化，二次能源尽可能更多地用电。最后，要达到能源系统的智慧化，这是新能源发展的技术保障。

观众提问： 苏老师您好！我是首都师范大学的刘××。我想问的问题是面对全球能源危机，发展新能源是否是人类必然的选择？

苏院士： 您这个问题提得很好，这个结论也是肯定的，是必然的选择。因为全球的化石能源，包括当前的煤、石油天然气总有枯竭的时候，尽管这个周期可能会比较长，但是毕竟化石能源在短期内不可再生，会越用越少，这是第一个原因。再一个，通过太阳能引发出来的其他新能源，比如说风能、光伏发电，还有生物质能等，都是可以进一步发展的新能源。多数的新能源都具有低碳清洁的特征，所以这与控制地球温度升高、解决能源危机是一致的。为了从根本上解决能源的危机问题，新能源是必然选择。

为了实现碳达峰碳中和目标，我国能源结构必须转型。打一个比方：在能源问题上，如果说化石能源（煤炭、石油天然气）是靠"地"吃饭，因为这些化石能源都是埋藏在地下的，那么新能源（包括风能、太阳能和生物质能）就是靠"天"吃饭，因为风能、太阳能和生物质能甚至水力能都是和天气密切相关的。过去我们是以化石能源为主，是靠"地"吃饭；今后发展新能源，则是靠"天地"吃饭，即既要发展新能源，也要有一定数量的化石能源，而且"天"字在前（新能源占比大），"地"字在后（化石能源占比小）。化石能源要起到"兜底保供"作用，适当时机会较多地转向"物资"属性。实现碳达峰碳中和是目标，能源安全是前提，能源转型是保证。

第四章 实现碳达峰碳中和战略路径思考

04 CHAPTER

减煤、控油、增气，大力发展可再生能源，2035 年我国非化石能源的目标占比将超过 35%；非化石能源加速替代，2050 年，我国非化石能源占比将达到 70% 以上；现代能源体系全面建成，2060 年的非化石能源占比超过 80%。

一、我国能源发展与二氧化碳排放趋势预测

我国能源发展趋势是什么？CO_2 排放量什么时候达峰，峰值是多少？什么时候可以实现碳中和？根据自研模型预测如下：

（1）2030 年左右，我国一次能源消费量达峰，峰值在 53 亿～61 亿吨标准煤之间，均值为 56 亿吨标煤。当然每个行业不是同时达峰的，要根据实际情况先后有顺序有安排地达峰。

（2）2025—2030 年，能源相关碳排放量达峰，峰值在

98亿~111亿吨之间，平均值为104亿吨。

（3）2060年，实现碳中和，化石能源占比10%~30%，非化石能源占比70%~90%，终端电气化率为55%~70%，CCUS（CO_2的捕集、利用和封存）发展规模达到每年10亿~25亿吨。

关于碳达峰碳中和情景分析，设置了三种场景，即稳健型、积极型和激进型，分阶段、分行业、分品种预测能源需求及碳排放量。模拟周期为2035年以前逐年模拟测算，2035年之后每5年为一测算间隔。涉及行业包括工业、建筑、交通、电力等；涉及能源品种为煤炭、石油、天然气、风能、太阳能、核能、水电、氢能、地热能、生物质能等，尽量覆盖现有的以及未来的能源品种。

二、实现碳达峰碳中和的战略路径

通过上述分析,实现碳达峰碳中和的战略路径可以分为三步走:

第一步(2020—2035年):减煤、控油、增气,大力发展可再生能源。2035年我国非化石能源的目标占比将超过35%。一是严格控制煤炭产量,加大落后产能、小煤矿的淘汰力度,制定老矿合理退出机制,积极推动煤炭深加工产业化示范与规模化发展,全面提升煤炭清洁化利用水平;二是加强太阳能、风能、地热能对化石能源的替代,加快新能源汽车对燃油车的替代,控制石油消费增长;三是加快陆上西部地区天然气增储上产,实现陆上东部地区天然气产量稳中有升,推进海上天然气勘探开发,持续推动天然气产业快速发展;四是大力发展风电、光伏发电,因地制宜规模化配置陆上风电,鼓励有条件的地区大力发展海上风电,积极支持分布式风电、光伏发电发展。坚持安全第一、生态优先和绿色发展原则,稳步推进水电、核能与生物质能等清洁能源有序发展；五是要开展CCS/CCUS技术攻关与示范，推动二氧化碳驱油/气、化工/生物利用等二氧化碳利用技术及工艺的创新和应用，推进CCS/CCUS国家示范区建设。

第二步（2036—2050年）：非化石能源加速替代。2050年，我国非化石能源占比将达到70%以上。一是持续加强节能提效技术、设备的推广应用，大力推动全社会节能提效，全面实现节能提效预期目标；二是海上天然气开发取得阶段性成果，天然气储备、管网体系更加完善，天然气产业实现大规模发展，助推全社会天然气消费达峰；三是中—低成熟度页岩油勘探开发取得突破性成果，石油消费结构持续优化，进一步加大非化石能源对石油的替代，稳步压减石油消费总量；四是持续推进整装煤炭开发基地和大型综合能源化工基地建设，建成以绿色煤炭资源为基础的精准开发模式，全面提升煤炭兜底保供能力；五是加大CCS/CCUS等环节关键技术、工艺、设备的攻关力度，加快推进CCS/CCUS技术在水泥、钢铁等重工业领域和天然气发电领域的规模化应用。

第三步（2051—2060 年）：现代能源体系全面建成。2060 年的非化石能源占比超过 80%。一是进一步巩固风能、太阳能、氢能、核能等清洁能源的主体地位，强化煤炭、天然气与可再生能源融合发展，以化石能源为主的现代能源应急储备体系全面建成；二是煤炭、石油等高碳化石能源回归原料属性，全面推进能源结构绿色低碳转型；三是推动 CCS/CCUS 技术商业化规模应用，不断完善低碳循环经济体系建设；四是全面建成智慧协同、多能互补、多网融合、快速响应的智慧能源系统，我国能源体系绿色低碳转型取得全面胜利。

三、实现碳达峰碳中和的七大战略工程

在实现碳达峰碳中和的路径过程中，要实现七大战略工程，即节能工程、去碳工程、创新工程、提效工程、应急工程、支撑工程和合作工程（图 4-1）。节能工程就是强化四类节能举措，推动能源消费实现节约高效；去碳工程就是强化四类减碳措施，推动能源行业先行碳中和；创新工程就是突出前沿性颠覆性技术研究与开发，推动零碳能源供应；提效工程就是构建灵活可靠的智慧能源系统，提高设备和工艺效率，推动能效大幅度提升；应急工程就是构建扎实稳固的应急储备体系，确保能源安全自主可控；支撑工程就是建立与时俱进的配套政策体系，保障能源安全转型；合作工程就是充分利用两个市场两种资源，推进绿色能源国际合作。

第四章 实现碳达峰碳中和战略路径思考

提效工程
构建灵活可靠的智慧能源系统，提高设备和工艺效率，推动能效大幅度提升

应急工程
构建扎实稳固的应急储备系统，确保能源安全自主可控

支撑工程
建立与时俱进的配套政策体系，保障能源安全转型

节能工程
强化节能举措，推动能源消费实现节约高效

去碳工程
强化减碳举措，推动能源行业先行碳中和

创新工程
突出前沿颠覆性技术研发，推动零碳能源供应

合作工程
充分利用两个市场两种资源，推进绿色能源国际合作

碳达峰碳中和

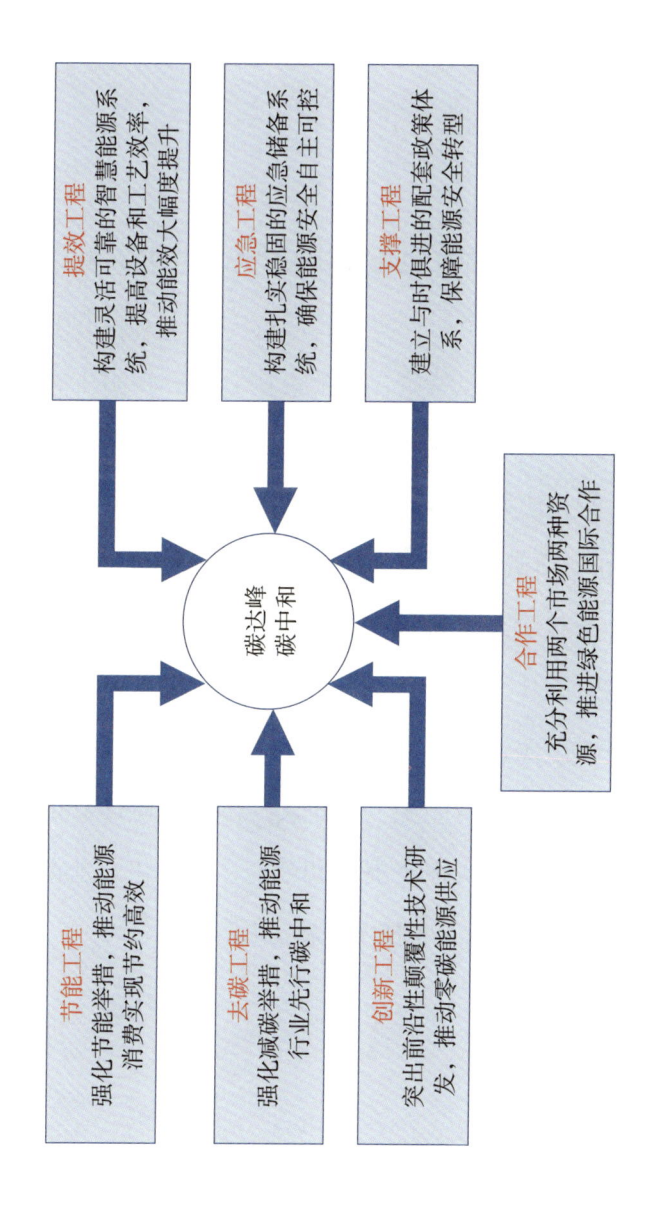

图 4-1 实现碳达峰碳中和的七大战略工程

四、认识和结论

一是碳达峰碳中和是我国建设具有中国特色社会主义强国大业的重要战略目标之一，已成为全国人民的共识和责任。相信在"四个革命、一个合作"方针指引下，立足国情，充分发挥举国体制和机制优势，本着科学态度，通过科技创新，统筹规划，积极推进，实现"2030年前碳达峰和2060年前碳中和"，并把我国由能源大国建设成能源强国。二是我国现代能源体系的根本要求是清洁、低碳、安全、高效，其中安全是第一位的，能源安全就是国家安全。三是实现碳达峰碳中和的基本路径是减煤、控油、增气，大力发展可再生能源。四是实现碳达峰碳中和的关键是依靠科技创新切实抓好提效和节能，实现化石能源的清洁化利用和 CCS/CCUS 技术规模应用。

观众提问： 苏老师您好！我是首都师范大学学生，我想问您的问题是在推进碳达峰碳中和活动的过程中，我们普通人可以做些什么？

苏院士： 我在报告中提出了节能和提效。作为一般群众来讲，我希望每一个人都树立节能的重要意识，从自身做起，可以从理念上加强节能的观念，因为节能是第一能源，首先节约了能源，就减少了能源使用，减少了能源使用，也就没有碳的排放，所以这个是一举两得的。再一个，能源总是越用越少的，所以每个人如果树立节能的理念，可以做的工作很多，比如说离开房间时就可以把灯关掉，出行的时候能不开车尽量不开车，等等。如果每个人能够做好这一点，将会节约很多能源，会减少很多 CO_2 排放。作为各行各业的从业人员来讲，我想很重要的一点，就是要提高各个方面能源利用的效率，提效的作用也是很明显的。根据我国 2018 年的相关数据，当年我国的能源消费量是 46.8 亿吨标准煤，当年总 CO_2 的排放量，除了能源消费产生的 CO_2 排放量，再加上畜牧业等其他方面产生的 CO_2 排放量，以及其他温室气体

折合的 CO_2 排放量，总量是 127 亿吨。如果提高能效，由世界平均水平的 1.5 倍变成 1 倍，即达到当前的国际水平（还不是最先进的水平），就会少用 14 亿吨标准煤，减少 34 亿吨 CO_2 排放，可以看出这都是非常巨大的数据，是非常有吸引力的。节能提效是抓手，所以我想归结起来要做到两点：我们一定要树立节能的理念，从自身做起；另一方面，注意提高工作的用能效率，做好提效。做到了这两点，可以大幅度地减少能源的消费，减少 CO_2 排放。

致　谢

　　特对本报告中所涉及数据的文献作者们（包括文中列出和未列出的）和我研究团队的成员们，表示由衷的感谢！